AF310012

RÉPUBLIQUE FRANÇAISE.

MINISTÈRE DE L'INSTRUCTION PUBLIQUE ET DES CULTES.

AGRÉGATION DES FACULTÉS.

RAPPORT adressé à M. le Ministre de l'instruction publique et des cultes par M. COUSIN, conseiller titulaire de l'Université, président du concours d'agrégation de philosophie, suivi des compositions de MM. Jourdain et Janet.

I.

RAPPORT DE M. COUSIN.

Monsieur le Ministre,

Malgré le mauvais état de ma santé, je me suis empressé de répondre à l'appel que vous avez bien voulu faire à mon zèle pour l'Université et la philosophie, et le 15 novembre dernier, j'ai ouvert le concours d'agrégation de philosophie auprès des Facultés des lettres, assisté de MM. Ozaneaux, inspecteur général; Garnier, professeur à la Faculté des lettres de Paris; Barthélemy Saint-Hilaire, professeur au Collége de France; Rémusat, membre de l'Institut.

Je dois avant tout vous remercier de m'avoir donné pour collaborateur, avec des hommes consommés dans l'enseignement, un membre éminent de l'Institut, étranger à nos écoles et à leurs habitudes, pour représenter parmi nous la libre science. M. de Rémusat a vu de près l'Université; il a pu apprécier par lui-même les doctrines qui y sont en honneur, les garanties qu'elles offrent à la société, les travaux et la valeur des jeunes maîtres qui, des différentes parties de la France, s'étaient donné rendez-vous au chef-lieu de l'Académie de Paris. Je n'ai pas besoin de vous dire aussi, Monsieur le Ministre, de quel poids a été l'opinion d'un tel juge dans toutes nos délibérations.

Des distractions orageuses des événements politiques, l'incertitude qui régna longtemps sur toutes les institutions, et particulièrement sur nos institutions scolastiques, la suspension du concours, puis sa soudaine ouverture à une époque inusitée, au commencement de l'hiver, tous ces motifs pouvaient faire craindre que l'agrégation de cette année n'attirât pas un nombre suffisant de prétendants et n'eût point son intérêt accoutumé. Mais ces craintes ont été trouvées vaines, grâce à l'excellent esprit et à l'heureuse émulation qui animent le corps des professeurs de philosophie, et vous apprendrez avec plaisir qu'il s'est présenté devant nous autant de candidats qu'en 1843. Je rappelle les noms de ces candidats :

MM. Ferrari, agrégé des lycées de l'année 1843, docteur ès lettres de 1840, suppléant de M. Bautain à la Faculté des lettres de Strasbourg, auteur de plusieurs ouvrages connus ;

Gouraud, docteur ès lettres de 1848, et qui, en 1846, a remporté à l'Académie des sciences morales et politiques la première mention très-honorable dans le concours sur *la Certitude* ;

Janet, agrégé des lycées de 1844, reçu docteur ès lettres en 1848, avec une thèse sur *la Dialectique de Platon*, qui a obtenu les suffrages unanimes de la Faculté de Paris, actuellement professeur au lycée de Bourges ;

Jourdain, agrégé des lycées de 1840, docteur ès lettres de 1838, qui déjà avait paru avec honneur au concours de 1843, professeur au collége Stanislas ;

Kastus, agrégé des lycées de 1843, docteur de 1848, et dont la thèse sur *la Psychologie d'Aristote* a reçu l'approbation des meilleurs juges, suppléant de M. Jules Simon à l'École normale ;

Rondelet, agrégé des lycées de 1844, docteur ès lettres de 1847, professeur au lycée de Rennes ;

Véra, agrégé des lycées de 1844, docteur de 1846, professeur au lycée de Limoges.

Malheureusement, au milieu de la première épreuve, M. Gouraud, sur lequel nous placions tous les plus belles espérances, a été atteint d'une indisposition subite, et a dû se retirer du concours.

Restaient six candidats, tous agrégés des lycées, et qui tous ont soutenu jusqu'au bout les trois épreuves exigées, la composition, l'argumentation, la leçon.

La composition comprend deux épreuves : elle doit porter tour à tour sur un sujet dogmatique et sur un sujet historique. Pour chacune de ces compositions les concurrents n'ont pas plus de huit heures, et ils ne peuvent apporter ni livres ni notes, sous peine d'exclusion immédiate. Après avoir pris l'avis de mes collègues, j'ai dicté les deux questions suivantes, dont l'esprit à la fois philosophique et patriotique ne vous échappera pas :

1° *Question de philosophie*. Quelle est la doctrine philosophique la plus appropriée aux principes et aux mœurs d'un peuple libre ? — Les candidats sont invités à s'arrêter particulièrement sur les idées de liberté, d'égalité, de dignité, de droit et de devoir, de justice et de charité, de désintéressement et de dévouement, sur lesquels repose toute société libre, et à remonter, par l'analyse, de ces idées à la philosophie qui peut en rendre compte.

2° *Question d'histoire de la philosophie*. Quel a été le rôle de la France, en philosophie, à toutes les époques, et particulièrement au moyen âge et au dix-septième siècle ?

Sur ces deux sujets, deux concurrents se sont tour à tour disputé le premier rang, M. Janet et M. Jourdain.

M. Jourdain a été le premier dans la composition dogmatique, M. Janet, dans la composition historique. M. Jourdain possède une étendue de connaissances et une justesse qui témoignent d'un esprit plus mûr et plus exercé. M. Janet a plus de force et d'éclat, nous allions dire plus de talent, si une solidité qui ne se dément jamais n'était pas du talent aussi, et de la qualité la plus précieuse dans l'enseignement philosophique. Je vous adresse, Monsieur le Ministre, les compositions de ces deux candidats. Vous y reconnaîtrez, j'espère, avec les mérites que je viens de vous signaler, celui d'une doctrine profondément morale et profondément libérale ; et c'est bien là le double caractère dont l'Université doit marquer tous ses enseignements, pour être à la hauteur de son temps et répondre aux vœux et aux besoins de la France. Le jury me charge aussi de vous exprimer le désir que les deux compositions de M. Janet et de M. Jourdain soient imprimées dans le *Journal officiel de l'Instruction publique*, comme l'ont été, en 1843, celles de M. Saisset et de M. Jacques.

Après M. Janet et M. Jourdain, une place honorable est due

encore à M. Kastus, qui joint à une grande rectitude un style simple, correct, souvent ingénieux, mais sans éclat.

Vous le savez, Monsieur le Ministre, la seconde épreuve du concours, celle de l'argumentation, est consacrée tout entière à l'histoire de la philosophie, particulièrement dans l'antiquité. Les sujets sont arrêtés par le Conseil et publiés six mois à l'avance ; c'est ensuite le sort qui les distribue aux concurrents. Voici ceux qui leur sont tombés en partage :

1° Socrate, d'après Xénophon et d'après Platon : sa physique, sa métaphysique, sa morale et sa politique ;

2° De la théorie platonicienne des idées, faire voir ce qui, dans cette théorie, appartient à Socrate et appartient à Platon ; apprécier les mérites et les défauts de cette théorie ;

3° Exposer et discuter la doctrine d'Aristote sur l'origine et la formation des idées, la liberté de l'homme, l'obligation morale, l'immortalité de l'âme et la Providence divine ;

4° Exposer la querelle du réalisme et du nominalisme ;

5° Exposer et discuter les mérites et les défauts de la philosophie de Locke ;

6° Exposer et discuter les mérites et les défauts de la *Critique de la raison pure* de Kant.

Dans l'argumentation aussi les candidats subissent deux épreuves différentes : ils sont tour à tour argumentés et argumentants, et chacune de ces épreuves dure deux heures. MM. Janet, Jourdain et Kastus, qui avaient été les premiers dans la composition, ont soutenu leur supériorité; mais entre eux les rangs ont changé. M. Jourdain a mérité la première place ; M. Kastus l'a suivi de très-près ; M. Janet n'est venu qu'après eux, et même à une certaine distance.

Ici, un candidat qui avait entièrement échoué dans ses deux compositions, et pour le fond et pour la forme, M. Véra, a commencé à paraître avec avantage, et a déployé une capacité philosophique peu commune. Faible dans l'exposition et la discussion de la doctrine d'Aristote, il s'est fort relevé en argumentant contre M. Kastus sur la philosophie de Socrate. Dans cette lutte savante et animée, les deux concurrents ont fait assaut de conviction et d'énergie. M. Véra attaquait avec une grande force : M. Kastus s'est défendu avec fermeté et à propos. Le débat a eu un moment presque dramatique, et l'auditoire, comme le jury, est demeuré partagé entre les deux rivaux.

Enfin M. Rondelet, dont nous avions distingué une composition, a montré sur la théorie des idées de Platon, et surtout sur la controverse du réalisme et du nominalisme dans la philosophie scolastique, des connaissances un peu superficielles peut-être, mais étendues, mêlées de quelques paradoxes, et soutenues par une élocution facile et élégante.

L'épreuve de la leçon a été plus remarquable encore que celle de l'argumentation. Les cinq candidats que nous avons déjà signalés s'y sont surpassés, un seul excepté, que sa voix fatiguée a trahi. Nous les plaçons dans l'ordre suivant :

1° M. Kastus, à une grande distance de tous les autres; 2° M. Janet; 3° M. Véra; 4° M. Jourdain; 5° M. Rondelet.

M. Kastus a eu deux leçons à faire : l'une sur le *fondement de la propriété*, l'autre sur la *doctrine philosophique, morale et politique de Hobbes*. Nous avons cru pouvoir proposer cette année ces deux sujets un peu politiques, pour éprouver les doctrines des candidats, et prémunir l'enseignement qui se donne au nom de l'État de tout écart dangereux. La sagesse des concurrents a répondu à nos espérances. Sur le premier point, le fondement de la propriété, M. Kastus a éclairé, intéressé, attaché l'auditoire pendant une heure et demie, par les idées les plus justes, appuyées sur une métaphysique saine et profonde, développées dans un ordre parfait, et avec une élocution facile, abondante et variée, s'élevant quelquefois avec le sujet et demeurant toujours simple. La simplicité, tel est le mérite particulier et éminent de M. Kastus. Ce n'est pas là d'ordinaire la qualité qui distingue la jeunesse, et c'est la première fois que nous la rencontrons à ce degré dans les concours que nous avons présidés. La seconde leçon de M. Kastus sur Hobbes n'a guère été au-dessous de la première. Nous y avons retrouvé une érudition choisie, une doctrine nette et bien assise, une parole assurée, fine, ingénieuse.

Les deux questions suivantes étaient échues à M. Janet : 1° Rapport de la psychologie à la théodicée, à la morale et au droit politique; 2° Faire connaître l'esprit, la méthode et les grands principes de la philosophie de Descartes; en quoi Descartes continue l'œuvre des réformateurs du 16e siècle, et en quoi il est original, et mérite le titre de fondateur de la philosophie moderne. Sur ces deux questions, et surtout sur la seconde, M. Janet a fait preuve d'une bonne méthode, de connaissances qui ne sont pas vulgaires, d'une diction grave, ferme, souvent brillante. Mais il est loin de la simplicité de M. Kastus : il est tendu et un peu monotone. Le temps et l'étude des grands modèles lui apprendront à ne pas appliquer le même ton et le même style à des sujets différents, ni même à toutes les parties d'un même sujet, à régler l'accent sur le sentiment et la pensée, à monter quelquefois et à savoir descendre. Mais, après tout, M. Janet est déjà un professeur et un écrivain.

M. Véra n'est peut-être encore ni l'un ni l'autre ; mais c'est incontestablement un philosophe. Il avait à traiter deux sujets magnifiques : 1° Démonstration de la personnalité de Dieu ; 2° Exposer la philosophie de Platon dans ses points essentiels, en apprécier les mérites et les défauts. Sa première leçon un peu confuse, ou dont l'ordre au moins n'était pas suffisamment marqué, contenait déjà des parties très-distinguées. La seconde, plus méthodique, l'emporta aussi sur la précédente par la finesse et la profondeur des aperçus. L'élocution de M. Véra est simple, presque familière. Il ne vise point à l'éloquence, il ne cherche pas à bien dire ; il n'est occupé que de sa pensée, mais il ne l'exprime pas toujours avec toute la clarté désirable. Il parle plutôt pour ceux qui savent, que pour des jeunes gens qui ont besoin d'être conduits pas à pas à la science. Toutefois, sa leçon a produit sur l'auditoire l'impression la plus favorable, et que nous avons partagée.

Nous avons entendu d'excellentes leçons de M. Jourdain sur deux points délicats et difficiles : 1° Réfutation du spinosisme ; 2° Que faut-il penser de cette proposition célèbre : Au-delà de l'expérience il ne peut y avoir de connaissance certaine, et il n'y a lieu qu'à des croyances qui répondent à des besoins plus ou moins vifs du cœur, mais qui manquent de certitude ? M. Jourdain, qui avait presque toujours occupé le premier rang dans les épreuves précédentes, n'a pas été ici au-dessous de lui-même. Ç'a été la même méthode, le même sens, la même élocution facile, ferme, élégante. Mais tous ces avantages ont été gâtés par un défaut qui n'avait pas paru dans l'argumentation de M. Jourdain, et que nous aimons à rapporter à la fatigue extrême qu'il éprouvait et s'efforçait de vaincre ; je veux dire des gestes souvent excessifs et une voix aiguë, désagréable à l'oreille et incommode à l'esprit.

M. Rondelet a traité avec succès une question de morale et une question de métaphysique : 1° Théorie de la charité : sa nature ; ses divers degrés ; ses rapports et ses différences avec les autres vertus ; quelle faculté la révèle et la prescrit. 2° Exposer et apprécier les antinomies de la raison dans la *Critique de la raison pure* de Kant. La doctrine de M. Rondelet ne paraît pas encore parfaitement arrêtée : sa logique dégénère quelquefois en subtilité ; mais il possède des connaissances variées , et sa parole vive et abondante excite et soutient l'attention.

Si nous n'avons pu citer dans aucune des épreuves le sixième concurrent, ce n'est point assurément qu'il soit dépourvu de mérite ; c'est, nous le savons, qu'il s'est présenté à ces luttes difficiles sans aucune préparation. M. Ferrari a de l'esprit, de l'imagination, des connaissances générales ; mais pour s'asseoir parmi les maîtres , il faut des études spéciales et approfondies , il y faut mettre sa vie tout entière.

J'ai reproduit, Monsieur le Ministre , avec une fidélité scrupuleuse, et vous connaissez maintenant les divers résultats des trois opérations dans lesquelles se partage le concours. Il suffit de rapprocher ces résultats pour en tirer cette conclusion certaine , qu'en résumé, M. Kastus a mérité le premier rang, et qu'il a les honneurs de l'agrégation de 1848 , puisqu'il a été le troisième dans la composition, le second dans l'argumentation, le premier hors ligne pour la leçon. Or, d'après l'article 17 de l'ordonnance d'institution du 31 mars 1840, le candidat placé le premier sur la liste a le droit de choisir la place la meilleure ; et cette place étant celle d'agrégé près la Faculté des lettres de Paris, nous avons, à l'unanimité, décerné ce titre à M. Kastus.

Le second rang appartenait encore, sans aucune incertitude, à M. Janet qui avait réussi dans toutes les épreuves et avait été le premier dans la composition.

Il était également impossible de ne pas mettre au troisième rang M. Jourdain, qui avait été le premier dans une des compositions, le second dans l'autre , le premier encore dans l'argumentation, et n'avait fléchi dans la leçon que par un défaut accidentel et passager. Nous n'avons donc point hésité à déclarer agrégés auprès des Facultés des départements M. Janet et M. Jourdain.

Le jury n'a pas hésité davantage à décider qu'il fallait laisser à M. Rondelet le temps de donner à sa doctrine une plus grande maturité. Ce jeune docteur est évidemment destiné à réussir dans un prochain concours, et nous le recommandons à votre bienveillance.

Jusque-là , Monsieur le Ministre, le jury n'a éprouvé aucun embarras. Il n'en a pas été de même quand nous avons eu à prononcer sur le sort de M. Véra. D'une part, il semblait impossible d'accorder le titre éminent d'agrégé à l'auteur des deux compositions qui avaient été sous nos yeux. De l'autre, comment ne pas appeler à l'enseignement supérieur celui qui avait soutenu contre M. Kastus une lutte pleine d'intérêt, et qui avait fait la savante et profonde leçon sur la philosophie platonicienne? Dans ce balancement consciencieux, l'avis le plus sévère a prévalu. Si l'Université ne nous eût demandé que des philosophes, nous lui aurions présenté M. Véra avec confiance et dans un rang élevé ; mais l'Université nous demandait des professeurs, et le sentiment de nos devoirs nous a imposé une décision rigoureuse qui affligera un jeune homme distingué, et qui nous laisse à nous-mêmes de vifs regrets. Je viens vous prier de les adoucir, Monsieur le Ministre, en accordant à M. Véra une chaire de lycée plus importante que celle qu'il occupe, ou en l'essayant à titre provisoire dans une suppléance de Faculté. Il faut supprimer le concours d'agrégation pour l'instruction supérieure et rentrer dans le régime de l'arbitraire et de la faveur, ou il faut qu'un tel concours, avec ses longues et laborieuses épreuves, soit compté ce qu'il vaut ; que ce soit déjà une recommandation auprès de vous d'avoir eu le courage de s'y présenter, et qu'on soit sûr au moins d'un peu d'avancement quand on y a montré, comme M. Véra, même avec des imperfections fâcheuses, de fortes études et un talent véritable.

Ce concours, Monsieur le Ministre, fait honneur à l'Université ; il a mis dans une évidence manifeste la pureté des doctrines de tous ces jeunes gens dont un rare savoir a nourri et fortifié la pensée sans l'égarer jamais hors des routes du sens commun. Peudant près de trois semaines, la Sorbonne a retenti d'argumentations et de leçons, libres et improvisées, sur des sujets les plus relevés et les plus délicats, et pas une parole n'a été prononcée qui eût affligé ceux qui jadis ont fait entendre leur voix dans cette vieille et illustre enceinte, Arnauld, Bossuet, Turgot. J'avais cru bien faire de demander aux concurrents une réfutation du spinosisme, une démonstration de la personnalité de Dieu, une théorie de la charité, un aperçu de la philosophie qui peut expliquer les idées de liberté, d'égalité, de dignité, de propriété, de droit et de devoir, de justice et de charité, de désintéressement et de dévouement, sur lesquelles repose la libre société sortie de la révolution française, enfin le rôle qui a toujours appartenu à la France en philosophie. Un public sérieux n'a pas manqué à ces exercices. Des professeurs célèbres, des membres de l'Institut, des représentants du peuple, de savants ecclésiastiques, d'anciens ministres, sont venus s'asseoir quelquefois au milieu de nous. Ils peuvent dire s'ils ont surpris, dans toutes ces improvisations, l'ombre d'une théorie qui puisse alarmer la religion et l'Etat. L'Université a toujours voulu consacrer dans ses écoles l'alliance féconde d'une religion éclairée, d'une saine philosophie et d'une politique véritablement libérale et conservatrice. Cette alliance que nous avons tant invoquée est aujourd'hui plus nécessaire que jamais. Je ne crains pas de vous dire, Monsieur le Ministre, que ce concours en est déjà un heureux présage. Le christianisme y a été plus d'une fois entouré des hommages qui lui sont dus. Les grands principes de la révolution française étaient appelés à tout moment avec une conviction sérieuse, et on sentait, sous les formes les plus diverses, une foi commune et profonde à cette philosophie sublime qui se recommande par les grands noms de Socrate, de Platon, de Descartes, de Bossuet, de Fénelon, de Leibnitz, qui reconnaît et proclame comme ses croyances fondamentales et en quelque sorte ses dogmes immortels la sainteté de la liberté humaine, l'obligation morale, la vertu désintéressée, la spiritualité de l'âme, et par delà les limites de ce monde un Dieu intelligent, par conséquent personnel et libre, qui seul a pu faire des ê'res intelligents et libres, inexplicables sans lui, qui les a faits nécessairement dans un but digne de sa sagesse, qui veille sur eux et qui ne les abandonnera pas dans le développement mystérieux de leur destinée. La philosophie ne mérite l'intérêt et la protection de l'Etat qu'autant qu'elle enseigne dans les écoles nationales et inculque à la jeunesse ces grandes croyances qui ne sont pas des superstitions du cœur et des nécessités politiques, mais qui charment les cœurs comme elles consolident les sociétés, parce qu'elles sont des vérités éternelles.

Le concours de 1848 leur promet de nouveaux interprètes, savants, fermes, dévoués. Il est au moins égal à celui de 1843. Parmi les docteurs recommandés à cette époque, nul ne peut être comparé à M. Véra. MM. Janet et Jourdain sont des agrégés des Facultés de département qui ne le cèdent point à M. Jacques et à M. Lorquet ; et je m'assure que M. Kastus, déjà cher à la Faculté des lettres de Paris par une thèse du premier ordre, y tiendra un jour honorablement sa place à la suite de ces agrégés de philosophie qui sont déjà des maîtres pleins d'autorité, M. Jules Simon, M. Franck, M. Saisset.

J'ai l'honneur de vous transmettre, Monsieur le Ministre, avec ce rapport, 1° le procès-verbal de la délibération du 3 décembre qui a été lu en séance publique ; 2° le procès-verbal détaillé de toutes les opérations du concours ; 3° les compositions de M. Janet et de M. Jourdain.

Agréez, Monsieur le Ministre, l'assurance de mon profond respect.

Le conseiller, président du concours,

VICTOR COUSIN.

En Sorbonne, ce 6 décembre 1848.

II.

DISSERTATION DOGMATIQUE.

Sujet : *Quelle est la doctrine philosophique la plus appropriée aux principes et aux mœurs d'un peuple libre?*

COMPOSITION DE M. JOURDAIN.

Les esprits superficiels, qui se disent positifs, déclarent la métaphysique une étude frivole et sans conséquence pour la société. Ils ne découvrent pas quel rapport pourrait exister entre la bonne ou mauvaise conduite des affaires humaines, et ces discussions abstraites sur l'être, sur les idées, dont les écoles retentissent. Quelque tour que prenne le débat, ils le jugent au fond peu important, et n'estiment pas que l'homme d'Etat doive prendre souci des maximes que soutiennent les philosophes. Cependant, pour qui veut y réfléchir, avec attention, rien n'est moins indifférent, même à la politique, que les vicissitudes des systèmes. Les hommes agissent selon ce qu'ils pensent et ce qu'ils croient. S'ils croient bien, ils agissent de même ; si, au contraire, ils sont imbus de faux principes, leur conduite ne tarde pas à porter la trace des erreurs qui affligent leur esprit. Il en est des peuples, sous ce rapport, comme des individus : ce sont leurs idées, leurs croyances, qui décident de leurs mœurs ; celles-ci accompagnent ou suivent le mouvement de celles-là. A peine une nouvelle doctrine s'est-elle fait jour dans un pays, elle tend aussitôt à y introduire, et elle y introduit tôt ou tard des usages nouveaux, de nouveaux besoins, qui, eux-mêmes, réclament de nouvelles institutions. Les premiers symptômes du changement qui s'annonce passent inaperçus ; car le dogme nouveau ne compte d'abord que de rares disciples qui le répètent dans le mystère. Mais il se propage insensiblement ; il pénètre dans l'esprit du plus grand nombre, et un jour vient où le législateur, voyant son autorité avilie, ses lois enfreintes, et s'interrogeant sur la cause de cette rébellion imprévue, s'aperçoit trop tard qu'elle tient à l'action irréparable de certaines idées dont il a ignoré le progrès.

Il est donc très-essentiel que les doctrines communément répandues chez un peuple soient en harmonie avec les institutions et les lois de ce peuple ; qu'elles portent à les aimer, à les défendre, à pratiquer tout ce qu'elles ordonnent, à éviter tout ce qu'elles condamnent ; autrement, partagée entre ses idées et ses habitudes d'un côté, de l'autre la forme du gouvernement qui la régit, la nation brisera cette forme ; du moins elle ne s'y trouvera pas heureuse ; elle voudra la changer pour améliorer son propre sort ; de là de sourds tiraillements, peut-être des luttes sanglantes, et, pour tout dire, une agitation, des inquiétudes mortelles à l'Etat, fatales aux particuliers.

Nous sommes un peuple libre. Après cinquante ans de luttes, la société française est entrée dans la pleine possession de son indépendance. Désormais, en fait comme en droit, elle s'appartient à elle-même ; elle est l'arbitre de ses destinées. Quelle est la doctrine philosophique la mieux appropriée à cette situation glorieuse et difficile, dont la conquête, entreprise par nos pères, a été achevée et affermie par la génération actuelle ? C'est la question que je me propose d'examiner.

Recherchons d'abord quelles sont les notions fondamentales que la liberté politique suppose chez une grande nation.

Au premier rang, je n'hésite pas à placer la liberté morale. Que la personne humaine renferme en soi la faculté naturelle et indestructible de se gouverner, c'est-à-dire de vouloir, de choisir entre les divers partis qui s'offrent à elle, et cela sans être nécessitée ni contrainte par aucune force étrangère, avec la pleine conscience de pouvoir choisir ce qu'elle rejette, et rejeter ce qu'elle choisit, n'est-ce pas là le premier titre de chaque homme et de la société tout entière à l'émancipation politique ? Que la liberté périsse chez l'individu, comment pourra-t-elle exister au sein de l'Etat ? Avec des volontés esclaves, comment prétendre établir une société qui se possède et qui soit régie par ses propres lois ? Eh ! que m'importe d'échapper au joug du prince, si je dois retrouver au fond de moi-même un autre joug mille fois plus inflexible que les lois les plus dures ! Aussi, que l'on examine les pays dont la foi religieuse est le fatalisme : là règne une servitude absolue et sans espoir. Indifférentes à l'esclavage qui les dégrade, les populations ne rêvent pas une condition meilleure ; l'idée de l'affranchissement ne luira dans ces tristes contrées que le jour où les esprits s'étant ouverts au sentiment de la liberté morale, la liberté politique deviendra un besoin impérieux et un droit sacré.

Une autre idée nécessaire aux sociétés libres, c'est l'égalité de nature entre tous les membres qui composent l'Etat. Le propre d'un gouvernement assis sur la liberté, c'est en effet que la loi y soit la même pour tous. Or, la loi ne peut être la même pour tous que si tous sont naturellement égaux. Que serait une société où manquerait cette égalité de nature, sinon un assemblage incohé rent de quantités fort diverses, auxquelles il serait à la fois injuste et absurde d'appliquer une mesure identique? Il y a sans doute des différences nombreuses entre les hommes ; chacun a son tempérament, ses habitudes, sa capacité propres ; mais cette variété apparente, qui est nécessaire à l'individualité, doit couvrir un fond de caractères communs à tout le genre humain. Tel est le véritable motif de l'autorité que la loi exerce également sur tous les citoyens. Tel est aussi le fondement solide de la dignité qui appartient à tous, des droits que tous sont appelés à exercer, des obligations que tous ont à remplir envers les autres et envers l'Etat.

Ici se découvre une nouvelle condition de la liberté dans le gouvernement, je veux dire le respect de la loi. Qu'est-elle, en effet, autre chose, cette liberté tant aimée, sinon la loi fidèlement acceptée et obéie? Quand nul ne dépend de personne, tous dépendent de la loi. L'autorité uniforme de la loi succède à la volonté capricieuse et despotique du monarque. C'est en observant la loi que les sociétés libres s'honorent et conservent leurs institutions. Voyez l'Angleterre, voyez les Etats-Unis ; une des causes principales de la prospérité de ces deux grandes nations n'est-elle pas la soumission rapide et aisée que le magistrat obtient en général de tous les citoyens? La loi paraît souvent rigoureuse ; elle blesse les intérêts ou les passions ; cependant, chacun l'observe et la pratique, persuadé que cette obéissance volontaire et empressée aux règles établies est une source de grandeur pour le pays et le fondement de sa liberté. Car enfin, ôtez la loi, avec les obligations et les droits qu'elle engendre, que restera-t-il? la force? La force et la loi se disputent le monde. Qui repousse la loi et son autorité sainte doit accepter le joug de la force. Entre le despotisme de l'homme et le règne de la loi, ma raison n'aperçoit pas de milieu. Et la loi, dont le respect nous est commandé, n'est pas seulement la loi écrite, mais la règle absolue du devoir, émanée de la justice éternelle. Un sentiment profond de cette règle suprême peut seul inspirer les vertus civiles, indispensables à l'Etat. S'il n'existe pas une justice primitive, des obligations et des droits naturels généralement reconnus et observés, quelle

force demeurerait aux institutions humaines? Les législations de
la terre tirent leur autorité de celles du ciel. Afin que les hommes
obéissent aux lois gravées par leurs semblables sur des tables de
marbre et d'airain, il faut d'abord qu'ils s'habituent à respecter
celles que Dieu a gravées sur la table de notre cœur.

Parmi les droits primitifs et inviolables qui dérivent de la nature humaine, est la propriété, c'est-à-dire le droit que chacun a
de disposer de ses biens. La propriété, en assurant la vie et les
jouissances de l'homme, a pour effet de rendre moins étroite la
dépendance où il est des choses extérieures et de ses semblables.
Aussi l'histoire de la propriété est liée d'une manière intime à
celle de la liberté. A Rome, tout ce que l'esclave gagnait par son
travail, était, dans l'origine, acquis à son maître ; par lui-même,
il ne pouvait rien posséder. Cependant, peu à peu la loi s'adoucit
en sa faveur ; elle lui permit de former un petit pécule dont il
avait la libre disposition. C'est de ce jour où la propriété com-
mença pour les esclaves que date aussi leur émancipation. En
Orient, la propriété n'a jamais été assurée pour les particuliers ;
aujourd'hui même, elle ne l'est pas encore ; nul n'est certain de
conserver son bien, qu'il suffit d'un caprice du prince pour lui
enlever. Aussi, en Orient, où est la liberté? En général, l'état social d'un peuple, et surtout son indépendance, peut se mesurer
avec une exactitude parfaite d'après la constitution de la propriété. Je placerai donc, et le droit de propriété, et l'idée de ce
droit au nombre des vérités essentielles que suppose la liberté des
nations.

Mais suffit-il au régime de la liberté que chaque citoyen, strict
observateur des lois divines et humaines, se borne à éviter l'in-
justice et à ne violer les droits de personne? Certainement la
liberté exige quelque chose de plus relevé que cette vertu purement négative. Elle suppose l'oubli de soi-même, le dévouement
envers le pays, l'esprit d'abnégation et de sacrifice. Lorsque la
société est gouvernée despotiquement, les particuliers peuvent se
reposer du soin de la conduire et de la défendre sur le maître
qui l'asservit ; mais, quand elle se régit elle-même, elle a besoin
du concours actif de tous ses membres ; car alors, ainsi qu'une
voix éloquente le disait naguère, « le salut est dans tous et n'est
plus dans personne. » Que le citoyen opulent apporte sa fortune,
l'homme de génie sa capacité ou son savoir ; que l'artisan donne
son travail, le vieillard les conseils de son expérience ; que tous
contribuent à l'œuvre de tous. A cette condition seulement la so-

ciété peut vivre et prospérer. Le désintéressement et la charité sont, n'en doutons pas, des vertus nécessaires dans tous les pays, sous tous les gouvernements, monarchie ou république ; mais s'il est une forme politique qui les suppose à un degré plus élevé, c'est, j'ose le dire, la démocratie.

Nous venons d'énoncer les principales maximes qui fondent et perpétuent les gouvernements libres. Une nation où ces vérités augustes et salutaires ne règnent pas sur les cœurs, où leur empire est compromis par de fausses doctrines qui les rendent douteuses aux yeux du plus grand nombre, cette nation peut se croire et se proclamer libre ; elle peut l'être passagèrement ; mais sa liberté n'a pas de fondement durable, et disparaîtra au premier souffle.

Il s'agit maintenant de rechercher quel est le système de philosophie le plus favorable à la liberté, à l'égalité, à la propriété, celui qui peut inspirer le plus sûrement la justice et l'abnégation ; qui, en un mot, est le mieux en harmonie avec les mœurs et les besoins de la société actuelle.

Établissons d'abord une grande division parmi les doctrines philosophiques, en distinguant le scepticisme et le dogmatisme.

Les sceptiques sont ces philosophes qui refusent à l'esprit de l'homme le pouvoir de s'élever à des connaissances certaines. Donnez à un sceptique les notions les plus évidentes, par exemple, que deux et deux font quatre, que tout fait a une cause, que le monde existe, il feint d'ignorer si elles sont vraies ; il ne les rejette pas cependant, il s'abstient, il doute. Le scepticisme ose à peine affirmer la réalité de son être ; au sein de sa conscience, il n'aperçoit que des phénomènes : l'âme elle-même est un pur phénomène. La croyance qu'il existe un sujet identique, et un duquel dépendent nos modifications, n'a pas une portée absolue ; elle est une forme logique, un principe régulateur de la raison, pour qui c'est une loi de ramener ses perceptions à l'unité. En morale, le sceptique est également indécis et chancelant : si le bien diffère réellement du mal, il ne le sait pas ; il ne voit de tous côtés que des apparences et nulle part de vérité. Aussi ne pose-t-il pas de règles absolues ; il se borne à des maximes probables qu'il exhorte à suivre. A la vérité, certains sceptiques n'ont pas montré à l'égard de la loi du devoir la même hésitation qu'en ce qui concerne la métaphysique ; ils ont prétendu sauver les vérités pratiques du naufrage des vérités spéculatives ; mais nul n'a vu dans leur entreprise autre chose qu'une inconséquence qui faisait plus d'honneur à leur caractère qu'à la sévérité rigoureuse de leur logique.

Je demande si le scepticisme, tel que nous venons de le définir, est la philosophie qui convient à un peuple libre ; je demande si les institutions qui assurent les droits, les devoirs, la dignité de l'homme pourraient subsister chez une nation qui ne croirait ni à ses droits, ni à ses devoirs, ni à sa dignité ? Est-ce qu'il n'est pas besoin d'avoir foi en la liberté pour la conquérir et pour la défendre ? foi en la vertu pour la pratiquer fermement, en dépit des passions ou des calculs de l'intérêt ? Où puiserons-nous l'énergie nécessaire pour accomplir un sacrifice héroïque, si la loi qui nous prêche le dévouement n'a, aux yeux de notre raison, qu'une autorité chancelante, ouvrage incertain du préjugé et de l'imagination ? En politique comme partout ailleurs, le scepticisme ne saurait engendrer que le découragement qui n'agit pas, ou la licence qui ne respecte rien, des caractères sans énergie propre, tantôt faibles et nonchalants, tantôt irascibles et emportés, selon que le tempérament est calme ou fougueux. Mais je ne veux pas m'appesantir à démontrer des faits évidents.

Écartant les fausses et dangereuses maximes de l'école de Pyrrhon et d'Arcésilas, adressons-nous au dogmatisme, et parmi les systèmes nombreux et variés qu'il comprend, voyons quel est celui que nous devons embrasser.

Et d'abord, serait-ce la doctrine mystique ?

Le mysticisme est la philosophie de ceux qui cherchent, au delà des sens, du raisonnement, de la raison même, un moyen plus rapide et plus sûr de parvenir à la vérité. Pour les uns, cette voie transcendante est le sentiment, l'amour ; pour les autres, c'est l'intuition, la vue directe et immédiate de l'être infini, en un mot, l'extase. Que le mysticisme renferme des vérités importantes ; qu'il soit le charme et la consolation de quelques âmes d'élite, je l'avouerai sans peine. Mais le caractère commun de tous les systèmes mystiques, c'est de prendre la vie actuelle en pitié. Comment, en effet, s'élever aux pures délices de la contemplation, entrer en commerce avec Dieu même, participer de sa gloire et de sa béatitude, tant que l'âme reste souillée par le contact des choses de la terre ? Or, l'oubli de ce monde, le dédain des œuvres, l'effort sur soi-même, non pour agir, mais pour s'empêcher d'agir, cette recherche du repos, de la solitude et du silence, ces doctrines d'humilité et d'abaissement enseignées par les écrivains ascétiques de tous les âges, est-ce là le dogme qui peut fonder la liberté, et soutenir chez un peuple l'arche sainte des vérités morales et religieuses, condition de sa grandeur et de son indépendance?

En opposition avec la doctrine mystique, s'élèvent deux autres systèmes non moins célèbres : le matérialisme et le spiritualisme.

Parmi les faits de la nature humaine, un grand nombre dépendent de l'organisation physique ; car ils dérivent de l'impression faite sur notre corps par les objets extérieurs. Certains philosophes ont conclu de là que l'organisation physique était tout l'être de l'homme ; ils ont reçu le nom de matérialistes. Ce n'est point ici le lieu de raconter les destinées historiques de leur philosophie ; mais je tiens à constater qu'elle a été adoptée par de chauds partisans de la liberté. C'est même un fait remarquable que les plus fougueux défenseurs des droits du peuple la soutiennent à cette heure et sous nos yeux. Ecoutez ces prôneurs de l'égalité et de la fraternité humaine, qui ne trouvent jamais que ces dogmes sacrés soient appliqués par les pouvoirs de l'Etat d'une manière assez large ; que disent-ils ? que l'âme se confond avec le corps ; que l'existence de l'homme s'achève tout entière en cette vie ; que Dieu n'existe pas, qu'il est sottise ou mensonge. A ces amis de la liberté qui enseignent le culte des sens et de la matière, il importe de montrer que leur métaphysique est en contradiction avec leur politique, et que si l'homme était vraiment tel qu'ils l'imaginent, un peu de matière organisée, la liberté, l'égalité, la fraternité se réduiraient à de vains mots, et le despotisme deviendrait la loi des peuples.

Considérons d'abord la liberté : que va-t-elle devenir dans un système qui ramène tout à la matière ? Evidemment, si l'homme est un être purement matériel, il doit avoir la même destinée et vivre sous l'empire des mêmes lois que les objets matériels. Or, les objets ne s'appartiennent pas à eux-mêmes ; ils ne sont pas maîtres de leurs mouvements ; ils vont où les pousse leur nature, d'une manière en quelque sorte fatale et selon des règles uniformes dont ils ne sauraient s'écarter. Telle sera donc la position de l'homme. Point d'autonomie au dedans du moi ; nulle indépendance. Au lieu de la volonté libre dont la conscience éclaire les déterminations, une activité sourde et aveugle, qui ne se possède ni ne se gouverne. On a quelquefois reproché à certains publicistes populaires de ne goûter que médiocrement les libertés que la constitution garantit ; que nul ne s'étonne de cette aberration de leur politique : comment la liberté serait-elle un des éléments de l'organisation sociale qu'ils conçoivent, puisque, selon

les maximes de leur philosophie, la personne humaine est naturellement esclave ?

Mais la liberté ne périt pas seule dans ce triste système du matérialisme ; elle entraîne dans sa ruine l'égalité. Il n'y a rien de plus divers
au monde que les hommes pris par le côté extérieur et matériel
de leur être. Examinez leur corps : quelle variété prodigieuse de
taille, de maintien, de physionomie! Chez les uns, quelle chétive
apparence ! quelle force, quelle santé chez les autres ! Considérez les sensations ; la diversité est-elle moindre? Chacun ne
sent-il pas à sa manière? Qui ne sait quel parti merveilleux le
scepticisme a tiré de ces différences innombrables ? La sensation
est la mesure de toutes choses, disait Héraclite; donc, concluait
Protagoras, tout est vrai et tout est faux, ou plutôt rien n'est
faux, rien n'est vrai; car il n'y a pas deux sensations qui ne se
contredisent. Je crains beaucoup pour l'égalité, si elle n'a d'autre
base que ce fond mobile de l'organisation et du sentiment. Là,
en vain, je m'épuise à la chercher; je ne la découvre pas. Les
politiques matérialistes ne l'y découvrent pas davantage ; ils
aperçoivent, comme vous et moi, ces différences profondes qui
séparent les hommes ; que font-ils donc? Ces différences, ils
entreprennent de les détruire; ils soutiennent contre la nature et
la Providence cette gageure impie de faire semblable ce que la
suprême sagesse a créé divers ; ils rêvent l'abolition, non pas seulement de la richesse, des arts, de la science; mais du génie, mais
de la vertu. Faute d'avoir découvert le type de la vraie égalité, ils
poursuivent l'idéal impossible d'une égalité détestable, devant
laquelle reculent et la conscience et la raison.

Parlerai-je maintenant de la dignité humaine? Parlerai-je des
droits, des devoirs, de la justice? Qui ne voit que ces idées s'effa-
cent et disparaissent comme d'inutiles chimères, ou, ce qui
revient au même, qu'elles sont dénaturées profondément par une
doctrine qui ramène tout aux sens? Qu'a de commun avec la sensibilité, l'obligation morale, la loi? Sans doute, quand j'ai accom-
pli un devoir pénible, je ressens une satisfaction intérieure; je
souffre, au contraire, si j'ai mal agi; mais ce plaisir et cette dou-
leur de mon âme sont des faits qui ne s'expliquent pas par
eux-mêmes; ils supposent un jugement sur ma conduite, et, par
conséquent, une règle de jugement. Or, quels sont les caractères de cette règle? L'universalité et la nécessité. Elle em-
brasse tous les hommes de tous les pays et de tous les temps. Ce
qui est bien à Rome, est bien à Athènes ; la vertu de la veille ne

devient pas le crime du lendemain. Donc, je le demande de nouveau, la loi du devoir, cette loi uniforme, immuable, absolue, qu'a-
t-elle de commun avec l'organisation et avec la sensibilité, l'une
et l'autre inconstantes et variables à l'infini? Si l'homme, d'ailleurs, est un être purement sensible, le bien ne peut être pour lui
que la fin à laquelle il tend, comme être sensible, c'est-à-dire la
jouissance et le plaisir. La morale du plaisir ou celle de l'intérêt
qui y est étroitement liée, est-ce la morale qui convient à un peuple libre? Est-ce en prêchant aux citoyens le culte du bonheur
terrestre que vous leur inspirerez la patience et le courage, l'abnégation et le sacrifice?

Quant à la propriété, le seul fondement qu'elle puisse avoir, au
point de vue de la politique de la sensation, ce sont nos besoins;
mais comme chacun de nous a des besoins, le droit de posséder
est égal pour tous. Celui qui possède n'a donc pas un titre qui lui
soit particulier et qui manque à celui qui ne possède pas. Ce dernier, fort de la faim qui le presse, ne fait que réclamer sa propre
chose quand il demande à partager le bien d'autrui. Nous tou-
chons à la plus funeste erreur qui ait porté le trouble au sein des
sociétés modernes.

Voilà où mène une philosophie qui n'aperçoit rien chez l'homme
au-dessus des sens. Assurément, il y aurait des distinctions importantes à établir entre les partisans de cette doctrine. Les uns
professent ouvertement le matérialisme; les autres repoussent
comme une erreur pernicieuse la confusion du corps et de l'esprit, et se bornent à prétendre que les opérations de l'âme, ses
idées, ses sentiments, dérivent de l'impression des objets extérieurs. C'est la conclusion à laquelle s'est arrêté Condillac. Mais
Condillac entraîne à sa suite Helvétius, qui, à son tour, inspire
d'Holbach et La Mettrie; et le système, trompant la vigilance et
l'honnêteté de ses partisans les plus sages, porte un jour ou l'autre les tristes conséquences qu'il recèle.

Appuyé sur de plus saines maximes, le spiritualisme produira
de meilleurs fruits.

Reconnaître chez l'homme deux substances, l'esprit et la
matière; distinguer deux sortes d'opérations de l'esprit : les
unes liées, comme le plaisir sensible à l'organisation, les autres
purement spirituelles; assigner pour fin à chacun de nous le
développement de la partie immatérielle de son être; conce-
voir par delà de cette vie une autre existence où s'achèvera la
carrière de l'homme, commencée ici-bas; au-dessus de tous les

êtres finis et imparfaits que renferme le monde, poser un être parfait et infini, cause première de tout ce qui est, et dont la providence veille sur les individus et sur les nations ; telle est l'œuvre ; tels sont les salutaires enseignements du spiritualisme. Le spiritualisme se retrouve au fond des croyances de l'humanité ; il est la foi philosophique des génies les plus illustres qui aient éclairé le monde, un Socrate, un Platon, un Descartes, un Leibnitz. Nous allons montrer, d'une manière rapide, qu'il remplit admirablement toutes les conditions de la philosophie digne d'un peuple libre.

Et d'abord il sauve la liberté ; car, en distinguant deux natures chez l'homme, en élevant l'esprit au-dessus de la matière, il aide à entendre que l'âme, qui est d'une autre nature que le corps, doit avoir une autre condition, obéir à d'autres lois que les substances corporelles ; il explique comment elle peut être ce qu'elle est réellement, une force qui a l'initiative de l'action, qui se possède et qui se détermine avec une pleine indépendance, et qui, douée par son créateur de ce pouvoir merveilleux, ne peut ni l'abdiquer volontairement, ni le perdre par la contrainte au profit de l'Etat.

En sauvant la liberté, le spiritualisme sauve du même coup l'égalité. Le fond de la liberté, ne craignons pas de le redire, est l'empire volontaire exercé par la force intelligente sur ses propres résolutions. Cet empire n'est pas seulement inaliénable, il est en outre indivisible. L'être qui l'a reçu le possède tout entier et sans réserve. De là il suit que la volonté a la vertu de créer entre les agents libres une identité de nature qui efface toutes les autres différences. Vainement l'espèce humaine offre une variété singulière de goûts, d'aptitudes et de tempéraments : dès l'instant que tous les hommes sont des agents libres, ils sont égaux. Là est le fondement de l'égalité véritable ; tout autre est une folie ou un mensonge.

De même que les hommes sont égaux par la liberté, tous empruntent à cette source leur commune dignité. Est-ce qu'il y a quelque chose de plus élevé et de plus grand pour un être que de s'appartenir et de disposer de sa conduite et de son sort ? Je ne voudrais pas déclamer ; cependant puis-je omettre de dire que cet avantage, qui distingue l'homme de la brute, qui le rapproche de Dieu en l'associant à la puissance créatrice, est supérieur à tous les autres biens ; qu'il les surpasse, et qu'il les efface ; et qu'ainsi chez l'être privilégié qui le possède, même isolé de toute autre qualité extérieure, la noblesse la plus haute se montre et commande le respect? De là cette maxime profonde, bien que paradoxale, des stoïciens, que le sage qui est libre se suffit à lui-même par cela seul qu'il est libre.

De la notion de la liberté, mise en regard des autres attributs de notre nature spirituelle, résultent avec non moins d'évidence les idées de droit et d'obligation. L'être soumis à la nécessité ne connaît pas d'autre loi que la force qui l'enchaîne; mais la loi des créatures libres et raisonnables est une règle qui les modère sans les asservir. Comme elle est conçue par l'entendement pur, cette règle échappe à la mobilité du sentiment et de la sensation; elle est absolue et invariable. Nos différents devoirs particuliers ne dépendent pas d'un autre principe, non plus que de nos droits, qui sont corrélatifs à nos devoirs, et dont le premier et le plus saint est de pratiquer la loi, sans être empêché dans l'accomplissement des fins qu'elle nous marque.

Il en est de la propriété comme de la loi morale et de l'égalité; elle s'explique aussi par la liberté et le spiritualisme. Ceux-ci la font dériver de nos besoins : nous avons vu où pouvait conduire un pareil système. Ceux-là en attribuent l'établissement, soit à la législation civile, soit à un contrat primitif. Mais la législation civile varie selon les époques ; mais les parties qui ont contracté peuvent revenir sur leurs conventions, qui, d'ailleurs, n'engagent pas les générations à venir. D'autres, avec plus de profondeur et d'exactitude, ont placé l'origine de la propriété dans le travail et dans l'occupation. Nous admettons pleinement la légitimité de cette origine; mais pourquoi est-elle légitime? Parce que l'occupation et le travail sont l'œuvre de l'intelligence et de la liberté qui, étant saintes et inviolables, communiquent leur auguste caractère aux choses dont elles s'emparent ou qu'elles produisent volontairement.

Enfin, si le temps me le permettait, j'essayerais de montrer combien le spiritualisme possède à un haut degré le pouvoir d'inspirer l'abnégation, la bienfaisance et le dévouement. Le spiritualisme rend à la science et à la société ce double service : D'abord, il donne la raison de la charité; il l'explique en la rattachant à sa source la plus haute, qui est l'amour infini de Dieu envers l'homme. Il offre au cœur et à la volonté des motifs nouveaux et divins de pratiquer cette vertu essentielle, reflet de la bonté suprême. La charité est à la fois une idée et un sentiment; le spiritualisme rend l'idée distincte et lumineuse; au sentiment, il communique une puissance nouvelle : il l'échauffe et le vivifie.

Donc, la foi dans l'esprit, et la foi en Dieu, voilà l'unique philosophie qui soit appropriée à la condition d'une société libre. Puissent ces doctrines salutaires, enseignées à l'enfance et à la jeunesse, devenir le symbole commun de la nation! Qu'elles inspirent au législateur de justes lois, au magistrat des arrêts équitables, au soldat la discipline et le courage, à tous les citoyens l'amour du devoir et le dévouement envers le pays. C'est ainsi que pourront se former de plus en plus dans notre patrie ces mœurs vigoureuses et pures qui sont la garantie des libres institutions, et le fondement assuré de la grandeur des peuples.

III.

DISSERTATION HISTORIQUE.

Sujet : *Quel a été le rôle de la France en philosophie, à toutes les époques, et particulièrement au moyen âge et au dix-septième siècle ?*

COMPOSITION DE M. JANET.

Il n'y a rien d'excessif à réclamer pour la France, dans le développement de la philosophie moderne, le rôle presque continu de l'initiation intelligente et du progrès réglé. Si l'on excepte les époques où les dangers de la société ont forcé la France à abandonner la spéculation pour la science pratique, et où elle ne s'est pas montrée moins grande par le sentiment des besoins et des intérêts sociaux, que, dans d'autres temps, par la culture des vérités métaphysiques, à ces exceptions près, et dans les temps ordinaires, la France est assurément le pays où l'esprit philosophique a eu son expression la plus vigoureuse, la plus élevée, la plus raisonnable. De même que l'histoire de la civilisation moderne se représente tout entière avec fidélité dans l'histoire de la civilisation française, et que nulle part, en Europe, le progrès politique n'a eu des lois plus régulières et des développements plus logiques que parmi nous, de même, il est vrai de dire que le mouvement de toute la philosophie moderne s'exprime de la manière la plus vraie et la plus lumineuse dans le mouvement de notre philosophie nationale, et peut y être étudié avec la dernière exactitude.

Il y a deux grandes époques de la philosophie spéculative parmi les modernes : ce sont celles où la société assise avait assez de loisir et de tranquillité pour permettre à l'esprit humain de cultiver avec suite les problèmes de la science pure, le moyen âge et le dix-septième siècle. La renaissance a donné le spectacle d'une philosophie courageuse et ambitieuse, mais stérile ; et le dix-huitième siècle a tourné toutes les forces de la pensée vers les questions politiques et sociales, et n'a guère vu dans la philosophie proprement dite qu'un instrument. Il reste ainsi deux grandes philosophies que la civilisation moderne peut opposer avec orgueil à la civilisation antique : la scolastique et le cartésianisme.

C'est en France que la philosophie scolastique s'est produite, s'est développée, a mûri, s'est épanouie, a reçu les premières atteintes et les derniers coups. Son histoire se divise en trois grandes périodes ; la première est cette période, la plus intéressante, chez les individus comme chez les nations, la jeunesse, si remarquable par l'énergie, le progrès rapide, les grandes vérités mêlées aux grandes erreurs, surtout, la confiance généreuse et intrépide. Dans cette première période, la querelle des réalistes et des nominaux éclate : toutes les profondeurs de la question sont entrevues ; la philosophie s'éveille. La seconde période est celle de la maturité ; l'esprit humain s'est satisfait lui-même, et se repose dans la possession assurée du vrai. La troisième est la période de la décadence : elle nous reproduit quelque chose de l'énergie et de la vie que nous admirions dans la première ; car il ne faut pas moins de force pour détruire que pour créer. Mais cette énergie n'a plus le même charme ; ces derniers efforts de la vie n'attestent que la nécessité et l'approche de la mort.

Chacun de ces trois moments de la scolastique est représenté par un grand nom : Abélard, saint Thomas, Occam, tous trois, non pas nés en France, mais ayant vécu, enseigné, écrit, lutté, souffert en France. Ils représentent donc tous trois l'esprit de la France en philosophie à chacune des trois périodes qui embrassent et épuisent l'histoire de la philosophie du moyen âge.

Ni Abélard, ni saint Thomas, ni Occam ne sont les seuls noms illustres de la scolastique en France. Mais autour de ces trois noms se groupent tous les autres, expressions diverses des diverses faces de la pensée philosophique. Abélard est le centre de la première période. Mais avant lui, à côté de lui, Roscelin, saint Anselme, Guillaume de Champeaux, représentent avec gloire les efforts variés de la liberté et de l'autorité entre lesquelles la philosophie scolastique a été perpétuellement combattue. La philosophie se concentre alors dans une seule question. Mais le génie pénétrant de cette époque avait vu que, dans la question de la réalité des universaux, sont engagées toutes les questions métaphysiques, par exemple, la capacité de notre raison et la substantialité des êtres, c'est-à-dire le double problème fondamental de la logique et de l'ontologie. Si les esprits de ce temps n'avaient pas le discernement précis de ces profondeurs, ils en avaient certainement l'instinct ; et Roscelin, enfant de la France, en dirigeant contre les universaux des objections subtiles et inexpérimentées, témoignages d'un génie novice, mais déjà investigateur, ne faisait rien moins cependant que réveiller la métaphysique de la Grèce, et annoncer, en les préparant, les grands combats spéculatifs dont la France, héritière d'Athènes, devait donner le spectacle au monde. Outre le mérite d'avoir pressenti l'importance de la question des universaux, Roscelin a eu celui de décider la renaissance de la philosophie par la liberté de sa pensée ; par là encore, il exprimait un des côtés les plus nobles de la France en philosophie : l'indépendance. Saint Anselme, contemporain de Roscelin, défenseur éminent du réalisme, représente aussi à sa manière la liberté philosophique, mais en la conciliant avec le sentiment sincère et prudent de l'autorité. Saint Anselme est le premier de ces esprits qui presque de tout temps ont illustré la France, conciliateurs intelligents de la foi et de la raison, partisans de l'autorité jusqu'au point où elle réclame de l'esprit humain des sacrifices que sa nature et ses lois essentielles lui interdisent.

Mais c'est dans Abélard surtout qu'éclate à cette époque le génie de la philosophie, c'est-à-dire de l'analyse, du raisonnement, de la discussion. Nul n'a plus énergiquement revendiqué les droits de la raison ; nul n'a mieux travaillé à l'affranchissement de la philosophie. Il a doué l'esprit humain d'un instrument puissant ; il l'a assoupli par les exercices d'une gymnastique inconnue avant lui ; sans avoir professé un système philosophique précis, il a eu ce sentiment des milieux, qui convient si bien à l'esprit modéré de la France, et sans savoir au juste lui-même où s'arrêter, il a rejeté avec sagacité les thèses extrêmes et absolues de Guillaume de Champeaux et de Roscelin. Ce n'était pas le signe d'un médiocre génie, que de voir à cette époque que le réalisme exagéré absorbe tous les individus dans des entités abstraites, lesquelles s'anéantissent à leur tour dans une entité dernière, abîme de l'existence et de la pensée; et que le nominalisme absolu, en ramenant les genres aux individus, les individus aux phénomènes, et les phénomènes aux simples mots, réduit en poussière tous les objets, et toutes les idées des objets. Saint Anselme et Abélard, les deux esprits les plus éminents de ce temps, nous marquent parfaitement, dès l'origine, la double limite qui, du côté de la liberté ou de l'autorité, a arrêté presque toujours les efforts de l'esprit philosophique en France, le retenant, loin des excès, dans un sentiment mesuré d'indépendance et de docilité.

Dans la seconde période, saint Thomas, génie organisateur, doué d'une puissance de synthèse incomparable, fut le propagateur d'un dogmatisme raisonnable où la théologie s'expliquait par la dialectique profane, où la pensée, toute platonicienne, se traduisait dans les formules d'Aristote, où le réalisme, si nécessairement lié à la foi religieuse, était modéré par le sentiment intelligent du péripapétisme, où toutes les forces dont disposait alors l'esprit humain, le dogme, la dialectique, l'esprit platonicien transmis par les pères, l'esprit péripatéticien transmis par les écoles, s'unissaient dans un seul système par la force d'un génie singulier. C'est en France que s'éleva ce monument admirable, résumé de toute la science du moyen âge, où l'esprit humain essaya de constituer le symbole définitif de ses croyances, et de déterminer les limites infranchissables de ses mouvements. La seconde période de la scolastique, dont saint Thomas est la lumière, ne fut pas aussi sans avoir ses luttes et ses querelles. Albert-le-Grand, Duns Scott, saint Bonaventure, Roger Bacon sont les grands noms de cette époque. C'est le plus beau moment, le développement le plus riche et le plus brillant de la philosophie scolastique. Dans la période suivante, la scolastique, comme toutes les choses humaines, commence à dépérir; elle tourne contre elle-même sa propre méthode et ses propres armes. Occam, génie négatif, embrassa dans une même polémique les principes classiques des écoles, les dogmes de l'Eglise, la puissance ecclésiastique, et entraîne les esprits dans un nominalisme extrême et plein de périls. Les excès du dogmatisme, les déchirements de l'autorité catholique, les inventions nouvelles, le mysticisme de

Gerson, tout s'unit à la dialectique d'Occam pour perdre en France et en Europe la philosophie scolastique ; et l'Université de Paris elle-même, dans la personne de son chancelier d'Ailly, esprit modéré et conservateur, mais admirablement libéral, se déclara nominaliste. Dans la première période de la scolastique, la France avait montré un admirable génie d'investigation et de découverte ; dans la seconde, elle avait déployé le génie de l'organisation et des systèmes ; dans la troisième, le génie de la polémique et de la négation. Elle avait ainsi appliqué aux trois périodes de cette philosophie les trois forces qui leur convenaient à chacune ; les trois forces qui créent, développent, constituent et anéantissent toutes les choses humaines.

Dans la Renaissance et au seizième siècle, la France négligea la spéculation pour une philosophie plus pratique, plus près de la vie et de la réalité. Elle laissa à l'Italie les témérités philosophiques, à l'Allemagne et à l'Angleterre, les témérités théologiques, et se consacra, avec une suite et une persévérance trop peu remarquée, à la conciliation des esprits. Elle a aussi, sans doute, livré la guerre à la philosophie d'Aristote. Elle a aussi, comme l'Italie, offert une victime à la barbare superstition du temps, Pierre la Ramée, esprit élégant et sensé, plus littéraire que philosophique. Mais il est certain qu'elle a négligé les grandes entreprises philosophiques, de même qu'elle a rejeté les grandes innovations religieuses. Ce qu'elle a tenté surtout, ce fut de ramener les esprits, également égarés par les prédications fanatiques de tous les partis religieux, à des pensées plus saines, plus humaines, plus modérées. Telle fut l'œuvre surtout de Montaigne, nom charmant dans un siècle affreux, symbole de culture, d'indulgence, de civilisation polie, au milieu des excès de la superstition et de l'ignorance. On a trop fait remarquer dans Montaigne, comme dans Rabelais, le scepticisme : ne les considérez pas seuls, mais au milieu de leur temps, entre le bûcher de Bruno et celui de Servet. Leur rôle a été de modérer le fanatisme meurtrier des hommes de ce temps, ou par une insouciance pleine de charme comme Montaigne, ou par une gaieté, souvent frivole, souvent sérieuse, comme Rabelais. Ils furent aidés par des hommes éminents, les sages de cet âge, philosophes véritables, qui croyaient plus utile de donner l'exemple de la vertu et de la modération que de fatiguer, par de vaines théories, les esprits déjà si troublés, les Pasquier, les Bodin, les l'Hôpital, en un mot, tous les hommes du parti modéré, en qui résidait le génie fidèle de la France, un moment vaincu et obscurci, mais bientôt victorieux de nouveau ; génie de prudence, de mesure, de ferme et sage liberté, qui, dans la politique comme dans la philosophie, a caractérisé tous nos grands hommes.

Au seizième siècle, ce n'était pas la France qui avait tenté les premiers essais de la réforme philosophique. Elle avait laissé l'Italie consumer avec Bruno, Telesio, Campanella, son génie puissant et subtil, mais déréglé. Elle avait même abandonné à l'Angleterre la première gloire de la réformation des sciences naturelles et expérimentales. Mais, lorsque le moment fut venu de fonder la philosophie moderne, lorsque le repos des esprits, l'ordre matériel des États, et l'adoucissement des mœurs permit d'entreprendre avec loisir la réforme de l'entendement et des principes généraux de la méthode philosophique, elle ne se laissa plus dépasser par aucun pays, et produisit Descartes. Le seizième siècle avait eu le besoin de la liberté, il n'en avait pas eu l'intelligence. Il avait pris trop souvent l'emportement pour la force, et l'extravagance pour le génie. Quelle que puisse être la valeur des imaginations ou des vues dont les ouvrages de Bruno, de Cardan, de Campanella, de Vanini abondent, elles pêchent toutes par un défaut commun, c'est de ne pas être le produit régulier de la raison, c'est de reposer sur des principes arbitraires et des méthodes fantastiques. Descartes vint, qui comprit d'une part que la condition fondamentale de la philosophie est la liberté, de l'autre, que la liberté n'est autre chose, en philosophie, que l'obéissance de la raison à elle-même. Il rejeta par conséquent de la philosophie toute autorité, mais non pas toute loi. Le libre examen fut pour lui la domination sans limites de la raison, non pas d'une raison capricieuse et libertine, mais d'une raison soumise à des lois certaines et des principes immuables. Il écarta rigoureusement de la science tout ce qui ne s'offrait pas à lui avec les caractères invincibles qui forcent la raison à adhérer et à se soumettre, par conséquent toutes les impressions de la sensibilité, de la coutume, de l'éducation, c'est-à-dire ce qui est la plus grande partie de nos croyances, ou qui, se mêlant à nos convictions les plus pures, en altère le caractère et en diminue la valeur. Puis il s'imposa l'obligation de rétablir sur les principes que cette critique de toutes ses opinions laissait intacts la série complète de toutes les vérités nécessaires à notre existence, en les soumettant toutes au même critérium, la clarté et la distinction des idées, c'est-à-dire à l'évidence : méthode d'une incomparable hardiesse et en même temps d'une incomparable sagesse : car, quel plus sûr moyen d'éviter l'erreur, que d'affranchir ses raisonnements et ses jugements de toute influence de la sensibilité et de l'imagination, de l'autorité, hors les cas où la raison elle-même nous ordonne de nous soumettre à l'autorité ? Ce qui n'est pas moins admirable dans Descartes que sa méthode, c'est la manière ferme et simple avec laquelle il l'applique. Le point fixe auquel s'arrête son doute universel est l'existence personnelle, vérité presque naïve, mais singulièrement profonde : car c'est en nous-mêmes que nous sentons le plus intimement et le plus effectivement la réalité et l'être : c'est par la conscience immanente de notre individu que nous nous séparons de tout assemblage de molécules, ou que nous nous distinguons de toute autre substance que la nôtre propre. Ainsi le bonheur de Descartes ou son génie l'avait conduit à reconnaître comme premier principe indubitable celui qui fonde et implique toutes les vérités les plus essentielles à notre être. En ne cherchant que la méthode la plus exacte et la plus satisfaisante, il avait trouvé le principe du spiritualisme le plus rigoureux et le plus simple. Descartes possède et reproduit les plus hautes qualités de l'esprit philosophique français : le besoin de la liberté, l'intelligence profonde des conditions et des lois de la liberté ; la hardiesse métaphysique et la prudence pratique, deux vertus indispensables l'une à l'autre ; la simplicité et la sobriété du raisonnement, la concentration des pensées, la clarté et l'austérité de la forme, enfin la majesté de l'ensemble. Tels sont les traits éminents des deux plus beaux livres de philosophie des temps modernes, le *Discours de la Méthode* et les *Méditations.*

Aussitôt que des principes nouveaux sont proclamés en philosophie, ils produisent leurs conséquences ; parmi les philosophes qui les ont adoptés, les uns les développent et les étendent, les autres les corrigent et les déterminent. Ce double travail fut opéré sur la philosophie de Descartes par deux génies que la France peut réclamer à juste titre, Malebranche et Leibnitz, Leibnitz français par la langue et par l'esprit, sinon par la naissance.

Il y a un côté de la philosophie que les esprits froids et seulement méthodiques sont incapables de sentir. L'âme, dans le rapport qu'elle a avec le monde supérieur de l'intelligible, est douée d'une vertu que je ne dirai pas supérieure à la raison, puisque je la crois le développement le plus pur et le plus exquis de la raison elle-même, mais supérieure sans aucun doute à la raison géométrique, c'est-à-dire à celle qui procède des principes aux conséquences, et ne connaît que les définitions, les théorèmes et les corollaires. Cette vertu, si elle domine sans réserve, peut nous entraîner loin de la réalité, dans les abîmes où se perdent les mystiques. Trop cultivée, elle devient la chimère de l'extase; mais, dans une mesure, elle est conforme à la nature humaine, et il n'y a pas de plus beaux élans que ceux où Platon s'élève par la vertu divine de l'ἔρως ou de l'ὅρμησις. Aussi toutes les nations qui ont le don généreux de la philosophie, s'enorgueillissent avec raison de ces sortes de génies d'un mysticisme modéré, le plus grand et le plus bel effort, sans aucun doute, de l'âme humaine. Rome, qui n'a pas produit un seul grand philosophe, n'a pas eu de tels mystiques. Athènes a eu Platon, et la France a Malebranche. Mais même lorsqu'elle a incliné au mysticisme, la France a toujours évité les excès désordonnés de l'Italie et de l'Allemagne : Gerson, Malebranche, Fénelon, voilà nos mystiques : au fond ce ne sont que des rationalistes inspirés. Chez Malebranche, le spiritualisme de Descartes s'est raffiné et idéalisé : l'homme et la nature y sont tellement effacés devant Dieu que, si l'auteur était logique, le monde pourrait bien n'être que l'assemblage des modes de la divinité. Malebranche, on l'a répété cent fois, et il est inutile de le démontrer ici, c'est Spinosa chrétien. Mais ses inconséquences sont encore les témoignages éclatants de cette sagesse et de cette tempérance à laquelle la France condamne, dans leurs erreurs mêmes, tous ceux qu'elle inspire de son génie.

En France, le mysticisme ne peut être qu'une exception. Si nous y inclinons quelquefois par certains côtés de notre nature, le fond de notre génie nous en éloigne : la crainte des excès nous corrige et nous retient. Contemporain de Malebranche, Leibnitz, disciple, comme lui, de Descartes, mais, frappé du lien secret qui unissait Descartes à Malebranche, et Malebranche à l'héritier corrupteur des doctrines de Descartes, Spinosa, Leibnitz consacra notre langue à la défense des éternels principes du spiritualisme que compromettait une fausse interprétation de certains principes du cartésianisme. Malebranche sacrifiait l'expérience à la contemplation exagérée, et le réel à l'idéal. Leibnitz, sans renoncer à l'idéal, revint au sentiment du réel, non par l'effort d'un empirisme matérialiste, comme Lock, en Angleterre, mais par l'analyse profonde de la notion d'esprit et de substance, corrigeant ainsi Descartes par Descartes même, et fidèle à l'inspiration primitive du cartésianisme, au principe de l'existence personnelle, fondement indestructible de la spiritualité et de l'individualité de l'âme humaine. Au fond, Malebranche et Leibnitz, malgré la diversité de leurs directions, sont profondément inspirés du même esprit, de l'esprit libéral, rationaliste, spiritualiste du maître commun. La philosophie française, dans ces trois grands hommes, a donné l'exemple des diversités légitimes auxquelles le progrès d'un même principe peut conduire des génies diversement originaux. C'est toujours dans les limites d'une philosophie sage, méthodique, généreuse, que se développe la pensée des deux interprètes les plus grands et les plus fidèles du cartésianisme. Dans Leibnitz et dans Malebranche, la philosophie cartésienne est en progrès et en mouvement, elle n'est pas en décadence : elle se transforme, elle ne se dissout pas. C'est au contraire le temps de son plus beau triomphe. Fondée par Descartes, développée par Malebranche, réformée par Leibnitz, elle pénètre par Bossuet et Fénelon dans l'Eglise; par Arnauld, dans le jansénisme ; par Rohaut et Mersenne, dans les sciences; par madame de Sévigné, dans le monde; et, par tous les écrivains cartésiens, dont un grand nombre nous sont restés inconnus, dans les écoles. Pour la première fois, depuis le treizième siècle, on vit une philosophie presque universellement admise par les hommes éclairés, qui s'allie avec la religion sans l'humilier, qui défend la liberté sans attaquer l'ordre moral, qui fonde par la plus sévère méthode et sur les principes de la pure raison les plus saines et les plus nécessaires croyances. Tel est le beau spectacle que la France philosophique a donné au dix-septième siècle.

Au dix-huitième siècle, la scène changea. Après avoir imposé à l'Europe sa philosophie comme ses mœurs et son goût, la France paraît abdiquer. Elle emprunte à l'Angleterre une philosophie toute faite, inférieure de tout point à la philosophie cartésienne, et s'efforce seulement de la rendre plus systématique et plus simple. Ce phénomène singulier s'explique, quand on songe au rôle nouveau que la France s'est choisi dans ce siècle mémorable. La France avait presque toujours, jusqu'alors, soutenu le principe de l'autorité; au moyen âge, elle avait fait de constants efforts vers l'unité et l'organisation. Au seizième siècle, elle avait repoussé avec énergie les entraînements des réformateurs. Au dix-septième siècle, elle avait offert le spectacle d'une société admirable, reposant sur le principe monarchique et le principe religieux intimement unis. Et maintenant, infidèle à elle-même, elle donne le signal de la guerre aux institutions consacrées. Il semble que, pour la décider à prendre le parti des révolutions, il lui faille un intérêt immense, plus grand que celui des réformateurs du seizième siècle et des révolutionnaires anglais du dix-septième, l'affranchissement de l'espèce humaine et l'établissement d'une société nouvelle sur la triple base de la liberté politique, de l'égalité civile et de l'indépendance religieuse. Une fois ce dessein conçu, elle y consacra toutes ses forces, et, résolue de détruire avant d'édifier, elle adopta une philosophie négative, la philosophie de Condillac, de Voltaire et de Diderot. Mais, même au sein des ruines, le sentiment puissant de la vie et de la vérité ne l'a pas abandonnée. Le matérialisme est loin d'être la philosophie du siècle entier. Si Voltaire y incline quelquefois, sa foi à l'existence de Dieu et à la loi morale le ramène la plupart du temps au vrai. Condillac est nettement spiritualiste : et les hommes de génie qui ont travaillé de la manière la plus utile à l'établissement d'un nouveau régime, Montesquieu, Jean-Jacques Rousseau, Turgot, ont appuyé leurs théories politiques sur les principes traditionnels de la philosophie française, les principes spiritualistes. Mais, soit que la philosophie du dix-huitième siècle penche vers le sensualisme et le matérialisme, soit qu'elle se relève par une sorte de stoïcisme, elle néglige partout et toujours les problèmes de haute spéculation. Elle a trop à faire de combattre les préjugés, de dénoncer les injustices, d'appeler les hommes à la liberté, à la dignité. Son plus grand effort est de traduire dans les lois et dans les mœurs les principes d'humanité et de tolérance qu'elle cherche moins à approfondir qu'à répandre, moins à expliquer par des systèmes qu'à consacrer par des applications. Aussi sa plus belle œuvre n'est-elle pas le *Traité des sensations*, ni même l'*Esprit des lois*, ni même l'*Émile* ou le *Contrat social*, ni l'*Essai sur les mœurs*, ni aucun autre livre de ce temps, mais cette déclaration immortelle des droits de l'homme et du citoyen, résumé de la philosophie du siècle, votée en présence de l'Être suprême par les représentants unanimes de la nation affranchie.

Ainsi la philosophie française que nous avons vue débuter avec le moine de Compiègne, Roscelin, s'est élevée peu à peu par une pratique fidèle et prudente de la liberté jusqu'à la dernière conquête que puisse rêver l'esprit humain : la transformation de la société selon les principes purs de notre raison. Qui pourrait dire, si les faits n'étaient là, que dans ces disputes grossières des cloîtres et des écoles, dans ces tâtonnements de la liberté philosophique, s'agitaient, pour l'humanité, d'aussi hautes destinées ! Mais, pour arriver à ce terme, il a fallu tous les ménagements, tous les tempéraments que les réformateurs comme Abélard et Descartes ont apportés à leurs plus grandes hardiesses ; il a fallu pendant longtemps l'alliance de la liberté et de l'autorité, et la soumission de la première à la seconde. Saint Anselme et Bossuet n'ont pas moins fait, en un sens, pour les progrès de la liberté, qu'Abélard et que Descartes. C'est à sa sagesse que la France a dû d'être toujours à la tête des progrès philosophiques et politiques des peuples européens. Mais, à la tempérance et à la mesure, la France a joint le sentiment intelligent du progrès, le génie de l'investigation, la vivacité de l'initiative, et, quand il l'a fallu, la hardiesse de l'entreprise. Dans la science, elle a cultivé la spéculation sans se perdre, et la pratique sans descendre. Amie de l'ordre et des principes stables, elle a travaillé pour sa part d'une manière énergique à renverser un ordre trompeur et apparent, dont les principes étaient faux et les fondements en poussière. Ainsi, le génie de la France, dans la science comme dans l'action, a toujours résumé en lui, dans une juste harmonie, les qualités et les aptitudes les plus diverses, et en apparence les plus contraires, mais qui ne se nuisent et ne se combattent que lorsqu'elles sont portées à l'excès.

www.ingramcontent.com/pod-product-compliance
Ingram Content Group UK Ltd.
Pitfield, Milton Keynes, MK11 3LW, UK
UKHW021654090726
13657UKWH00004B/1962